TB. 8,-

W0278701

WJS CORSO

Schloß Friedrichstein

Marion Gräfin Dönhoff

Preußen – Maß und Maßlosigkeit

CORSO bei Siedler

Am 17. Januar 1871, einen Tag bevor er im Spiegelsaal von Versailles zum Deutschen Kaiser gekrönt wurde, sagte Wilhelm I. zu Bismarck, der folgende Tag, der 18. Januar, werde der unglücklichste Tag seines Lebens sein, weil er es sei, der dann das preußische Königtum zu Grabe trage. Und in der Tat war jener pompöse, taktlose Mummenschanz in Versailles ein sehr augenfälliges Ende des alten Preußens, zu dessen Charakterisierung nicht zufällig das Wort »schlicht« so häufig verwendet worden ist.

Bekanntlich besteht keine Einigkeit über das Datum, an dem der Tod Preußens eingetreten ist. War es 1918, nach der Abdankung des Kaisers, der ja zugleich König von Preußen war, oder 1932, als der Reichskanzler von Papen die letzte rechtmäßige preußische Regierung absetzte, oder war es erst am 25. Februar 1947, als der Kontrollrat durch das Gesetz Nr. 46 die Auflösung des »Preußischen Staates, seiner Zentralregierung und aller nachgeordneten Behörden« erklärte? Das Gesetz trägt übrigens noch die Unterschrift aller vier Militär-Gouverneure, also auch die des sowjetischen Marschalls Wassili Sokolowski. Zur Begründung der Auflösung hieß es, der preußische Staat sei von jeher Träger des Militarismus und der Reaktion in Deutschland gewesen. Das Gesetz hätte man sich sparen können, denn es gab damals nichts mehr aufzulösen.

Wann also hat Preußen zu bestehen aufgehört? Ich meine, Wilhelm I. hatte recht, das Datum heißt: 18. Januar 1871. Denn das Preußen, welches dann im Rahmen des neugegründeten Deutschen Reiches weiterlebte, hatte wenig mehr zu tun mit dem alten Preußen: Es entwickelte schließlich Züge, die mit Recht allenthalben Befremden, wenn nicht Abscheu hervorgerufen haben.

Im Archiv meines Vaterhauses in Ostpreußen befanden sich mehrere tausend Briefe, die mein Großvater, der Besitzer von Friedrichstein – er war Diplomat, kurze Zeit auch einmal Außenminister –, mit seiner

Schwester gewechselt hat, die am Hof in Potsdam als Hofdame lebte. Es war eine über dreißig Jahre geführte, vorwiegend politische Korrespondenz. Damals 1871 sind beide unglücklich über die Raffgier und den Materialismus, der sofort nach Gründung des Deutschen Reiches ausbrach. Binnen sechs Monaten nach diesem Datum, so lautet die Klage, habe Berlin, das damals erst 900 000 Einwohner hatte, schon mehr als zwanzig neue Straßenzüge in Bebauung gegeben. Die französische Kriegskontribution von fünf Milliarden Ffr habe die Wirtschaft enorm angeheizt: Über achthundert neue Aktiengesellschaften entstanden in kürzester Zeit.

Besorgt schreibt die Schwester aus der Hauptstadt, die sozialen Zustände in Berlin, die Arbeiter betreffend sowie die Teuerung und die Wohnungsnot, hätten einen bedenklichen Punkt erreicht. Und er, der Bruder, ärgert sich über das, was er den »Fortschrittsschwindel« nennt, und über die Leute, die ihren Besitz nicht mehr treuhänderisch begreifen, sondern mit ihm umgehen wie mit einer Handelsware.

Die Geschwister erregen sich sehr über den Strousbergschen Eisenbahn-Skandal. Dr. Strousberg war einer der großen, vielleicht der größte Unternehmer der Gründerzeit. Er hatte Eisenbahnen nicht nur in Deutschland, sondern auch in Rußland und Rumänien gebaut und leitete mit immer kühneren Finanzmethoden einen immer größeren Industriekonzern, bis schließlich 1873 sein riesiges Unternehmen zusammenbrach und er selbst ins Gefängnis wanderte.

Ja, das alte Preußen war nun wirklich tot: Alles wurde immer größer, immer mächtiger und immer prächtiger, aber das geistige Preußen siechte dahin: Immanuel Kant und auch die Reformer vom Anfang des Jahrhunderts hätten kein großes Interesse mehr gefunden.

Als jener Großvater 1821 als junger Volontär im Archiv des Auswärtigen Amtes in Berlin seine Arbeit begann, residierte dieses Ministerium in einem kleinen Palais am Wilhelmplatz, wo es außer der Wohnung des Ministers nur noch folgende Zimmer gab: eines für den Staatssekretär Ancillon, sieben Zimmer für die sieben Geheimräte und dann noch einen großen Raum, in dem einige Referenten Instruktionen erteilten, Besucher empfingen und den Kanzlisten in die Feder diktierten.

Im äußeren Aufwand war das alte Preußen von allergrößter Bescheidenheit, aber die Qualität seiner damaligen Missionschefs ist unter weit großartigeren Bedingungen später nie wieder erreicht worden. In jenem ersten Viertel des 19. Jahrhunderts standen dem Auswärtigen Amt Gelehrte großen Formats zur Verfügung – da waren Wilhelm von Humboldt, Barthold von Niebuhr, Christian Bunsen ...

Ich möchte also das Jahr 1871 als die entscheidende Zäsur ansehen und zunächst das alte Preußen schildern und anschließend dann die Zeit nach der Reichsgründung, denn de facto bestand Preußen ja weiter.

Die verschiedenen Aspekte dieser beiden Perioden erklären auch die Ambivalenz bei der Bewertung Preußens: einerseits die hohen Lobpreisungen des preußischen Ethos, der preußischen Schlichtheit, der Pflichttreue; andererseits die unerfreulichen Erinnerungen an preußischen Militarismus, an Servilität und Kadavergehorsam. Kaum ein anderer Begriff weckt so grundverschiedene Reaktionen, ist so beladen mit teils haßerfüllten, teils liebevollen Assoziationen.

In mancher Hinsicht sind gerade die Eigenschaften, die den preußischen Staat seit dem 17. Jahrhundert aus kargen, provinziellen Anfängen langsam und stetig zu Glanz und Größe in Europa aufsteigen ließen, diejenigen gewesen, die, in pervertierter Form, ihn schließlich so unbeliebt gemacht haben.

Zunächst aber: Wie ist dieses Preußen überhaupt entstanden? Die Aufeinanderfolge einer Reihe genialer Herrscher – wie sie in dieser Kontinuität in erblichen Monarchien eigentlich nie vorkommt – hatte den stupenden Aufstieg möglich gemacht. Der erste in der Reihe war Kurfürst Friedrich Wilhelm (1640–1688), allgemein als der Große Kurfürst bezeichnet. Er hat das

Land, das vom Rhein bis zur Memel über die Landkarte verstreut einem bunten Flikkenteppich glich und das im Dreißigjährigen Krieg vollständig verwüstet worden war – nur noch ein Drittel der Bevölkerung war am Leben, Städte und Bauernhöfe durch Brand zerstört (Berlin hatte nur noch 7500 Einwohner) –, er hat die Grundlage für einen einheitlichen Staat gelegt.

Dies konnte nur gelingen, weil er systematisch die Verwaltung zentralisierte und die Macht der Stände im Kampf um das Steuerbewilligungsrecht beschnitt – ein Kampf, der im Grunde nie endete, auch nicht, nachdem er den Führer der ostpreußischen Adelsopposition, Oberst von Kalckstein, nach einem Hochverratsprozeß 1679 in Memel hinrichten ließ. Der Große Kurfürst war es auch, der als erster ein modernes Beamtentum aufgebaut hat sowie ein stehendes Heer im Kampf gegen den Adel, der selbst über seine erbuntertänigen Bauern verfügen wollte. Schließlich gelang es ihm, auch die Oberhoheit, die Polen im zweiten Thorner Frieden 1466 über Ostpreußen gewonnen hatte, wieder abzuschütteln. Zuvor hatte Sachsen die erste Rolle in Deutschland gespielt, jetzt begann Preußen ihm den Rang abzulaufen. Als der Große Kurfürst die Regierung übernahm, war die Mark Brandenburg der ärmste und rückständigste der deutschen Kurfürstenstaaten, als Friedrich der Große starb, war Preußen eine Großmacht in Europa.

Der zweite geniale Herrscher, Friedrich Wilhelm I., war nicht mehr Kurfürst, sondern König in Preußen, weil sein Vater sich 1701 in Königsberg zum König hatte krönen lassen. Brutal von Natur, grausam aus Staatsräson, ein ungebildeter Polterer, bot er ein menschlich abschreckendes Bild. Sebastian Haffner nennt ihn einen »Biedermann, den der Staatsdienst zum Wüterich machte«. Aber mit seiner Strenge, Sachkundigkeit und Sparsamkeit hat er die Grundlage geschaffen für Preußens Aufstieg aus provinzieller Isolierung zu einem Faktor im damaligen Spiel der europäischen Mächte.

Sein Sohn Friedrich II. – der Große genannt – gibt in seinem Werk »Geschichte meiner Zeit« ein paar interessante Zahlen: »Die Einkünfte Preußens betrugen beim

Tode König Friedrich Wilhelms I. (1740) nur 7,4 Millionen Taler. Die Bevölkerung in allen Provinzen belief sich höchstens auf 3 Millionen Seelen. Der verstorbene König hinterließ im Schatz 8,7 Millionen Taler, keine Schulden, die Finanzen in guter Verwaltung, aber wenig Industrie. Die Handelsbilanz verlor jährlich 1,2 Millionen Taler an das Ausland. Das Heer zählte 76000 Mann, darunter fast 26000 Ausländer – ein Beweis, daß seine Stärke die Kräfte des Landes überstieg; von seinem Vater hatte er nur 20000 Mann übernommen.« Soweit der Text Friedrichs des Großen.

Diese Vervierfachung des Heeres war durch brutale Werbung, oft auch einfach durch gewaltsame Entführung zustande gekommen; mit der Folge, daß viele Soldaten desertierten. Friedrich der Große behauptet, zur Zeit seines Vaters seien 30 000 Mann desertiert. Aber auch zu seiner Zeit war die Behandlung der Soldaten oft durch äußerste Grausamkeit gekennzeichnet, und auch die Offiziere wurden keineswegs verwöhnt.

Einer meiner Vorfahren – er war Generaladjutant von Friedrich Wilhelm I. – erhielt auf seine Bitte, ihm Vorspann zur Urlaubsreise nach Ostpreußen zu bewilligen, die Antwort: »... daß ich Euch zwar, wenn Ihr auf Werbung gehet, den Vorspann accordieren wolle, aber nicht, wenn Ihr zu Euren Pläsier oder in eignen Angelegenheiten reiset.«

Derselbe Dönhoff hatte unter Friedrich dem Großen, der ihm als einem der ersten den neu gestifteten Orden *Pour le mérite* verliehen hatte, die beiden Schlesischen Kriege mitgemacht und dabei in den Winterquartieren seine Gesundheit so ruiniert, daß er nach Beendigung des Feldzugs um Urlaub einkam, um seine Gicht durch Bäder in Aachen zu kurieren. Die grantige Antwort des Königs:

»Ihr könnet ja aber lengst begreifen, daß, da die Armee auf dem Point steht, zusammenzukommen, es nun keine Zeit sey, Bäder zu gebrauchen und thut Ihr allenfalls besser, den Abschied zu fordern. Ich bin übrigens Euer wohlaffektionierter König Friedrich.«

Mit seinem stehenden Heer und seinen

berühmten »langen Kerls« hat Friedrich Wilhelm I. übrigens weniger Kriege geführt als andere Landesfürsten. Er war nur am Nordischen Krieg als Verbündeter Rußlands beteiligt und hatte am spanischen Erbfolgekrieg teilnehmen müssen.

Seinem »lieben Successeur«, also seinem Sohn, den umzubringen man ihn nur mit Mühe hatte hindern können, empfahl er im Testament, seine Verantwortung vor Gott nie zu vergessen: »Der liebe Gott hat Euch auf den Thron gesetzt, nicht zu faulenzen, sondern zu arbeiten und seine Länder wohl zu regieren.«

Und als dieser Successeur, Friedrich II., dann 1740 die Regierung übernahm, da begann die große Zeit Preußens. Noch nicht dreißig, erfüllt von der Ungeduld und Energie der Jugend, machte er sich sogleich ans Reformieren. Es ging Schlag auf Schlag. Am ersten Tag: Befehl an die Armee, »nicht mehr mit Absicht und Übermut das Volk zu schikanieren«. Am zweiten Tag ließ er wegen der zu erwartenden schlechten Ernte die staatlichen Kornkammern öffnen und das Korn an die Armen zu vernünftigen

Preußens Aufstieg von einem unauffälligen norddeutschen Territorialstaat erst zur Ostsee-Mittelmacht und dann zur zentraleuropäischen Großmacht begann unter dem Kurfürsten Friedrich Wilhelm, den man schon zu Lebzeiten »den Großen« nannte. Ganze 7.500 Einwohner

hatte seine Residenzstadt Berlin, als das verwüstete Land, das zwei Drittel seiner Einwohner eingebüßt hatte, aus dem Dreißigjährigen Krieg auftauchte. Diesem ersten in der Reihe der großen Hohenzollernherrscher gelang es nicht nur, die Oberhoheit, die Polen im 15. Jahrhundert über Ostpreußen gewonnen hatte, wieder abzuschütteln und dann die schwedische Herrschaft über Pommern in der Schlacht von Fehrbellin zu beseitigen. Friedrich Wilhelm legte auch die Grundlage für den modernen Verwaltungsstaat, indem er sowohl ein stehendes Heer, das den unbotmäßigen Adel in Schach hielt, aufbaute als auch eine moderne Beamtenschaft, wie sie bis dahin unbekannt gewesen war. Der große Kurfürst selber gab dem Kupferstecher Gottfried Bartsch den Auftrag, die Entscheidungsschlacht gegen das schwedische Heer in einem Kupferstich für die Nachwelt festzuhalten.

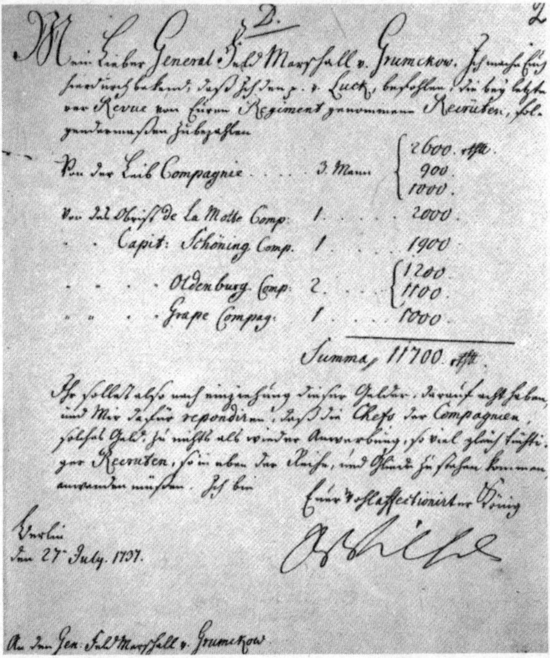

D. 2

Mein lieber General Feld Marschall v. Grumckow. Ich mache Euch hierdurch bekannt, daß Ich Jung v. Luck, befohlen, die bey letzter Revue von Eurem Regiment genommenen Recruten, folgendermaßen zu bezahlen

Von der Leib Compagnie	3 Mann	2600 rthl.	
		900.	
		1000.	
Von des Obrist de la Motte Comp:	1	2000.	
. . Capit: Schöning Comp.	1	1900	
. . . . Oldenburg Comp:	2	1200	
		1100.	
. . . . Grape Compag.	1	1000.	
		Summa, 11700 rthl.	

Ihr sollet also nach Einziehung dieser Gelder, darauf acht haben, und Mir dafür repondiren, daß die Chefs der Compagnien, solches Geld zu nichts als wieder Anwerbung, so viel gleich tüchtiger Recruten, so in oben der Reihe, und Glieder zu stehen kommen anwenden müssen. Ich bin

Euer wohlaffectionirter König

F Wilhelm

Berlin

den 27 July 1737.

An den Gen. Feld Marschall v. Grumckow

Friedrich Wilhelm I., der Vater Friedrichs des Großen, ist als der »Soldatenkönig« in die Geschichte eingegangen. Seine Soldatenmarotte war in der Tat erheiternd, da sie sich in besonderem Maße auf »große Kerls« richtete, die er in ganz Deutschland anwerben und notfalls einfangen ließ, wobei sich der Kopfpreis nach dem Längenwuchs richtete: Ein Prachtstück in dieser Hinsicht war der lange Kerl Jonas Heinrichsohn aus Norwegen mit 2,12 Metern Körperhöhe: Friedrich Wilhelm ließ ihn eigens konterfeien, wie er auch eigenhändig Buch führte über die Kosten für die Erwerbung von Musterexemplaren männlicher Höhe.

Schloß Friedrichstein, 20 km östlich von Königsberg gelegen, war seit dem 17. Jahrhundert Sitz der Dönhoffs. Das Barockschloß (1709–1714) war von Jan de Both, dem Erbauer des Berliner Zeughauses, entworfen, der sehr schöne Stuck im Inneren um 1740 von Italienern gefertigt worden. Mit den Häusern der Dohnas, Schlobitten und Finckenstein gehörte es zu den schönsten Herrensitzen des ostpreußischen Adels.

Preisen verkaufen. Am dritten Tag verbot er das »Fuchteln«, also die Stockschläge bei den Kadetten, und stiftete den Orden *Pour le mérite*. Am vierten Tag schaffte er den Gebrauch der Folter bei Kriminalfällen ab. Am fünften verbot er die, wie es heißt, »gewohnten Brutalitäten« bei der Soldatenwerbung.

Friedrich II., zu Recht der Große genannt, war Regent, Philosoph, Schriftsteller, Feldherr, alles zugleich. Er stand in der Spannung zwischen Geist und Macht wie kaum ein anderer. Überdies war er ein musischer Mensch: Vierzig Bände füllen seine Schriften, mehrere Bände seine Kompositionen. Allein drei Bände füllt seine Korrespondenz mit Voltaire, dem größten Geist Europas zu jener Zeit. In einem Brief von Voltaire an seine Nichte aus dem Jahre 1740 heißt es:

»Nun bin ich endlich in Potsdam. Unter dem verstorbenen König war es ein Exerzierplatz und kein Garten, mit dem Tritt des Garderegiments als einziger Musik, Revuen statt Schauspielen, Soldatenlisten als Bibliothek. Heute ist es der Palast des Augustus, der Sitz der Schöngeister, der Lust und des Ruhmes, der Pracht und des guten Geschmacks.«

Und zehn Jahre später schreibt er an Thierot: »Ich genieße eine recht holde Muße, die Gunst und den Umgang eines der größten Könige, die je gelebt haben, eines Philosophen auf dem Thron, eines Helden, der selbst das Heldentum geringschätzt und der in Potsdam wie Plato mit seinen Freunden lebt. Die Unterhaltung mit ihm ist die größte unter seinen Wohltaten. Noch nie hat man so viel Größe und so wenig Dünkel gesehen, noch nie war der klarste und solideste Verstand mit so viel Anmut geschmückt.« Ungeachtet dieser Lobpreisungen waren die beiden – der König und Voltaire – zeitweise miteinander tief verstritten. Aber die gegenseitige Bewunderung schlug immer wieder durch.

Und doch hat der große König die Vorstellung seiner Bewunderer zeitweise tief enttäuscht. Als Kronprinz war Friedrich von vielen verehrt und bestaunt worden: Ein zukünftiger König, der philosophische Werke las, der selbst schriftstellerte, der mit den großen Geistern seiner Zeit Umgang pflegte, musizierte und ein überzeugter Adept der Aufklärung war – das hatte es noch nicht gegeben. Als dann aber dieser begabte, geistvolle, auch spielerische Kronprinz, kaum daß er die Macht in Händen hatte, den Tod Kaiser Karls VI. – der zu einer Schwächung der habsburgischen Monarchie führte – ausnutzte, um aus heiterem Himmel in Schlesien einzufallen, da war die Enttäuschung Europas groß. Auch die Beteiligung an der ersten polnischen Teilung 1772 ist ein schwarzer Fleck in seiner Biographie, jedenfalls nach unseren heutigen Begriffen. Das weltpolitische Bewußtsein der Zeit allerdings war damals einzig und allein auf Macht, Landgewinn und Ruhm gerichtet – in Schweden, Spanien, Frankreich und Österreich, überall war es dasselbe: Allianzen wurden bedenkenlos gewechselt, Verträge gebrochen, wann immer dies nützlich erschien.

Aber ich will hier kein Biograph sein und über die Person der Herrscher Preußens sprechen. Ich bin auch kein Historiker, der die Umrisse der Geschichte Preußens nachzuzeichnen sucht. Mein Thema heißt »Maß und Maßlosigkeit«. Zunächst also das Stichwort Maß. Was war das Spezifische jenes Maßhaltens? Ich denke, es läßt sich durch drei Begriffe kennzeichnen: *erstens* Toleranz aus Vernunft; *zweitens* Staatsräson in der hierarchischen Gesellschaft und schließlich *drittens* – und vielleicht am wichtigsten – Loyalität ohne Willfährigkeit.

Toleranz aus Vernunft heißt: Ideologien spielen keine Rolle. Daß nach der Entvölkerung durch den Dreißigjährigen Krieg der Große Kurfürst die Tore seines Landes weit öffnete und alles aufnahm, was anderwärts bedrängt und vertrieben wurde – Sektenangehörige aus den Niederlanden, Juden aus Wien, Hugenotten aus Frankreich –, das entsprach sicherlich auch Zweckmäßigkeitserwägungen; aber es war mehr. Denn diese Tendenz blieb und charakterisierte auch das ganze nächste, das 18. Jahrhundert.

Friedrich Wilhelm I. hat in der Folgezeit die aus Salzburg vertriebenen Lutheraner aufgenommen – es waren etwa 20 000. Sein Sohn Friedrich der Große hat den Jesuiten Asyl gewährt, als der Orden aus den großen katholischen Staaten Europas vertrieben und schließlich 1773 vom Papst sogar aufgelöst wurde. Er war es auch, der in Berlin zum Zeichen der Aussöhnung mit den Katholiken die Hedwigskirche als größte und prächtigste aller damaligen Berliner Kirchen erbauen ließ.

Gewiß war auch da Zweckmäßigkeit im Spiel, die Jesuiten beispielsweise schätzte Friedrich der Große als gute Schulmeister. Wenn man sich aber das Umfeld vergegenwärtigt, das Klima der Zeit also, die religiöse und nationale Unduldsamkeit, die in den anderen europäischen Ländern herrschte, dann wird deutlich, daß in Preußen Toleranz wirklich ein Wert an sich war.

In England, das wird oft vergessen, war die angeblich so glorreiche Revolution des Jahres 1688 ausgelöst worden durch die Rebellion der Etablierten *gegen* das Toleranzedikt König Jacobs II. Er hatte die Gleichberechtigung der Katholiken und der Protestanten und Anglikaner statuiert, woraufhin sich Whigs und Tories verbündeten und den König verjagten. In England erhielten die Katholiken überhaupt erst 1829 die gleichen Rechte wie die anderen Bürger.

In Frankreich hat Ludwig XIV. das Edikt von Nantes, das den Hugenotten während einiger Jahrzehnte Religionsfreiheit gewährt hatte, wieder aufgehoben; er zwang sie, das Land zu verlassen. Und in Österreich wurde die Idee der Toleranz von Maria Theresia ausdrücklich verworfen. Ganz systematisch unterdrückte man dort die Protestanten.

In Preußen selbst, also im eigenen Lande, war die Bereitschaft der Bevölkerung zur Toleranz zunächst auch nicht gerade groß; erst durch einen Befehl von oben wurde sie geschaffen. Am deutlichsten kann man dies an der allmählichen Entwicklung zur Glaubensfreiheit sehen. Die Spannung, vielmehr Feindschaft, bestand damals nicht nur zwischen Protestanten und Katholiken, sondern mindestens ebenso stark unter den beiden Glaubensgemeinschaften protestantischer Konfession, also den Lutheranern und den Reformierten.

Die Hohenzollern gehörten zu den Reformierten, weil Kurfürst Johann Sigismund 1613 im Hinblick auf einige westdeutsche Gebiete, die er erworben hatte, zum Calvinismus übergetreten war. Obgleich die Fürsten das Regalrecht des Glaubenszwanges hatten, der Kurfürst also seine Brüder hätte zwingen können, ihm auf diesem Wege zu folgen, verzichtete er darauf – auch dies ein Symbol der Toleranz, das sich keineswegs von selbst verstand. »Toleranz für die Reformierten? Die werden wir ihnen nimmermehr und in Ewigkeit nicht bewilligen«, so erklärte in eifernder Weise Paul Gerhard, von dem ungezählte fromme Texte in unserem protestantischen Kirchenliederbuch stehen. Mit großer Bestimmtheit aber wurde den Pastoren beider evangelischen Konfessionen vom König befohlen, Toleranz zu üben und einander nicht anzugreifen. Und wehe, wenn sie diesen Befehl, der auch den Katholiken gegenüber galt, nicht befolgten.

Das Preußen des 18. Jahrhunderts war für seine Zeit verhältnismäßig nah an dem, was man einen Rechtsstaat nennen kann. Das preußische Landrecht wurde von allen als das zweifellos fortschrittlichste der Zeit angesehen. Übrigens war Friedrich der Große der erste, der den Mut hatte, mit den rebellischen Vereinigten Staaten von Amerika einen Vertrag zu schließen, nachdem diese ihre Unabhängigkeit von den europäischen Mächten erklärt hatten.

Es war ein Freundschafts- und Handelsvertrag, der zum ersten Mal die Menschenrechte als gültiges Völkerrecht postulierte. Verhaltensformen, die eine internationale Humanität begründeten, wurden festgelegt – übrigens auch für Kriegsgefangene, was erst hundert Jahre später zur Norm werden sollte.

George Washington schrieb 1786: »Der Vertrag kennzeichnet ein neues Zeitalter des Verhandelns. In vielen seiner Artikel ist er völlig neuartig. Es ist der liberalste Vertrag, der je zwischen zwei unabhängigen Mächten eingegangen wurde.« Und Präsident Quincy Adams sagte vierzig Jahre später: »Damals in der Kindheit unserer politischen Existenz war ein großer und philosophischer, wenn auch unumschränkter europäischer Souverän der einzige, bei dem unsere Abgeordneten mit ihren liberalen und erleuchteten Grundsätzen Eingang fanden.«

Die Regierungsform, die Friedrich der Große entwickelt hat, ist als aufgeklärter Absolutismus bezeichnet und viel gepriesen worden. Immanuel Kant sprach vom Zeitalter der Aufklärung als vom Jahrhundert Friedrichs.

Neben der praktizierten Toleranz nannte ich als zweites preußisches Charakteristikum die Staatsräson in einer hierarchischen Gesellschaft, was in etwa dem Wesen des aufgeklärten Absolutismus entspricht. Es war eine geniale Kombination von beginnenden Menschenrechten für das Individuum und zentralisierter Entscheidungsbefugnis für den König. Genial insofern, als jede der beiden Komponenten die spezifische Anfechtung der anderen zu korrigieren geeignet war. Die kodifizierten Rechte für den einzelnen setzten der Macht des Königs eine Grenze – die Entscheidungskompetenz dieses die Vernunft verehrenden Königs verhinderte den partikularen

Kampf divergierender Interessen; was nicht heißt, daß beides immer optimal gelang.

Die Staatsräson aber, die als das Glaubensbekenntnis angesehen wurde, das alle – auch den König – verpflichtete, bewirkte schließlich die Integration dieser patriarchalischen Gesellschaft. Wahrscheinlich funktionierte die Sache mit der Staatsräson allerdings nur im Falle Friedrichs des Großen, der ein überzeugter Anhänger der Aufklärung war und dessen Priorität eben Vernunft hieß.

Der König beanspruchte zwar die absolute Macht für sich, aber er war ein großer Skeptiker, der nicht an die Weihe höchster Ämter glaubte und auch hinsichtlich seiner eigenen Person stets von Zweifeln geplagt war. Immer war er sich bewußt, daß in dieser trügerischen Welt die Motive meist fragwürdig sind und die Handlungen allzu oft auf Eitelkeit und Wichtigtuerei beruhen. Als der Philosoph Garve Friedrichs Feststellung, die patriotischen Spektakelmacher seien doch nur Canaillen, widersprach, indem er sagte: »Als Ew. Majestät gestern in die Stadt kamen und alles Volk zusammenlief, um seinen großen König zu sehen, das waren nicht Canaillen«, antwortete der König: »Setze er einen alten Affen aufs Pferd und lasse er ihn durch die Straßen reiten, so wird das Volk genauso zusammenlaufen.«

Friedrich wünschte nicht, daß ihm zu seinen Lebzeiten ein Monument gesetzt würde; aber nach dem Siebenjährigen Krieg hat er für sechs ruhmreiche Generale Denkmäler auf dem Wilhelmplatz in Berlin errichten lassen. Es waren die ersten Denkmäler Europas, die nicht einem Angehörigen eines regierenden Hauses galten.

Die langatmigen Gnadengebete für den König und seine Familie fand Friedrich deplaziert. Übrigens gingen sie ihm auch auf die Nerven; darum erließ er eine Order an die Feldprediger mit der Maßgabe, sie sollten sich fürderhin beschränken auf: »Insonderheit empfehlen wir Dir, lieber Gott, Deinen Knecht, unsern König.«

Wer in dieser Gesellschaft die größten Lasten zu tragen hatte, waren die Bauern, denn sie wurden sowohl von den Grundbesitzern wie von der königlichen Administration ausgebeutet. Ihnen galt darum Friedrichs besondere Sorge. Und so war es wirklich eine tückische Ironie, daß ausgerechnet der Herrscher, der mehr als alle anderen auf eine Reform der Justiz zugunsten des einzelnen bedacht war, im Falle des Müllers Arnold den größten Justizskandal der Zeit auslöste.

Weil der Fall des Müllers, der schon zur damaligen Zeit achtzehn Bände füllte, auch heute noch von den einen als Beweis für das strenge Rechtsbewußtsein des Königs, von den anderen als Zeichen seiner Willkür gedeutet wird, sollen hier einmal die in der Tat sehr verworrenen Fakten kurz dargestellt werden. Wolfgang Venohr hat in seiner Biographie Friedrichs den komplizierten Fall am präzisesten dargestellt, darum möchte ich ihn im folgenden etwas länger zitieren dürfen.

Zunächst der Tatbestand: Der Müller hatte sich geweigert, die Pacht weiter zu bezahlen, mit der Begründung, er bekomme zuwenig Wasser, seit der Landrat von Gersdorff oberhalb der Mühle einen Karpfenteich angelegt hatte. Es kommt zum Prozeß, der Müller wird verurteilt, die Mühle zwangsversteigert. Der argwöhnische König wittert Klassenjustiz und setzt eine Kommission ein, die zwei einander widersprechende Gutachten abgibt. Der König befiehlt dem zuständigen Obergericht in Küstrin, dem Müller seine Mühle wieder zu beschaffen, was das Gericht jedoch nicht tut. Da wendet sich der König an die Berufungsinstanz, das Kammergericht in Berlin, und verlangt, das Urteil zugunsten des Müllers zu ändern. Doch das Kammergericht stellt fest: Der Müller ist nicht im Recht.

Der König glaubte seinen Verdacht bestätigt, daß hier auf Kosten des kleinen Mannes Recht im Sinne der Herrschenden gesprochen wird. Um ein Exempel zu statuieren, entließ er wuterfüllt den als reaktionär bekannten Großkanzler von Fürst und schrieb dem Justizminister von Zedlitz, er möge Sorge tragen, daß die drei verantwortlichen Räte mindestens mit Kassation und Festungshaft bestraft würden, weil es notwendig sei, ein Exempel zu statuieren.

Zedlitz prüft noch einmal sehr eingehend und stellt fest, daß den Kammergerichtsräten nicht das geringste vorzuwerfen ist, und daß er, Zedlitz, nicht in der Lage sei, »eine Verurteilung der in der Arnoldschen Sache arritierten Justizbeamten abzufassen«. Laut Venohr antwortete Friedrich postwendend: »Wenn *Sie* nicht sprechen wollen, so tue *ich* es, und ich spreche das Urteil folgendermaßen: Diese Scheißkerle, die Justizbeamten, werden hiermit kassiert und zu Festungshaft verurteilt. Sie sollen den Wert der Arnoldschen Mühle sowohl als allen Schaden des Müllers ersetzen . . .« Am Schluß aber war er dann doch über seinen Justizminister gerührt und setzte hinzu: »Übrigens will ich Euch noch sagen, wie es mir lieb ist, daß ich Euch bei dieser Gelegenheit so kennengelernt habe.«

Erst ein dreiviertel Jahr nach diesem Vorfall erkannte Friedrich, daß er Unrecht gehabt hatte. Quasi entschuldigend sagte er, er habe ein abschreckendes Beispiel geben müssen, damit die Großen nicht die Kleinen unterdrückten, allerdings habe diesmal der Kleine Unrecht gehabt, wenn er aber jetzt sein Wort zurücknähme, würden die Unterdrückungen noch ärger. Er sagte: »Es ist hart, es ist ungerecht, aber es geht nicht anders. Ich habe mich übereilt. Dieser Arnold, der verfluchte Kerl!« Erst unter Friedrichs Nachfolger kam es dann zu einer Revision des Verfahrens.

Venohr schreibt: »Dieser ungeheuerliche Willkürakt des Königs, der allen seinen erleuchteten Sentenzen über die Souveränität der Gerichte in Preußen Hohn sprach, verursachte in der Hauptstadt Berlin eine noch nie dagewesene Empörung. Der Adel und die wohlhabende Bürgerschaft der Stadt ergriffen einhellig die Partei der zu Unrecht Gemaßregelten. Die eingesperrten Kammergerichtsräte wurden mit Liebesgaben überschüttet. Man versicherte den Großkanzler des allgemeinen Mitgefühls. In endloser Reihe fuhren zwei Tage lang elegante Equipagen bei Herrn von Fürst vor, und da er direkt hinter dem Giesshaus wohnte, erstreckte sich das Ende der Prozession bis vor die Fenster des Königlichen Schlosses. Friedrich, ob er wollte oder nicht, mußte diese öffentliche Mißfallenskundgebung zur Kenntnis nehmen. Er ließ es geschehen, die Polizei griff nicht ein.

Die Sache hatte noch ein Nachspiel: Die Aufregung in der Stadt hatte den Siedepunkt erreicht, als man bald darauf in den Zeitungen der Hauptstadt eine persönliche Erklärung des Königs zum Fall Arnold las. Dort stand: »Sämtliche Justizkollegien müssen wissen, daß der geringste Bauer, ja, was noch mehr ist, der Bettler ebensowohl ein Mensch ist wie der König. Denn vor der Justiz sind alle Menschen gleich; es mag sein ein Prinz, der wider einen Bauern klagt, oder auch umgekehrt. Ein Justizkollegium, das Ungerechtigkeiten begeht, ist gefährlicher und schlimmer als eine Diebesbande. Vor der kann man sich schützen; aber vor Schelmen, die den Mantel der Justiz gebrauchen, um ihre üblen Passions auszuführen, vor denen kann sich kein Mensch hüten.«

Sieben Jahre vor der Französischen Revolution war dies in der Tat eine Sensation. Die öffentliche Meinung der ganzen Welt nahm teil: Noch nie hatte eine Erklärung soviel Begeisterung ausgelöst. Der Sultan von Marokko ließ alle preußischen Gefangenen frei, ohne Lösegeld zu erheben, und die Zarin Katharina befahl, die Erklärung ins Russische zu übersetzen und sie an alle ihre Gerichte zu verteilen.

Schließlich das dritte der Stichworte: »Loyalität ohne Willfährigkeit«. Preußen, ein Agrarstaat ohne Industrie, ohne überseeische Gebiete, ohne fortschrittliches Bürgertum, mit über achtzig Prozent ländlicher Bevölkerung, war wirklich nicht zur Großmacht prädestiniert. Während des ganzen 17. und 18. Jahrhunderts hat Preußen ständig über seine Kraft, also in permanenter Überanstrengung, gelebt.

Friedrich der Große war sich dessen sehr bewußt gewesen: Er hatte einst gespottet, der preußische Staat solle lieber statt des Adlers einen Affen im Wappen führen, weil er die wirklichen Großmächte ja nur nachäffe, ohne selber eine zu sein. Nun, er als letzter in der Reihe der außergewöhnlichen Herrscher, hatte ohne Zweifel eine Großmacht aus Preußen gemacht, die fast

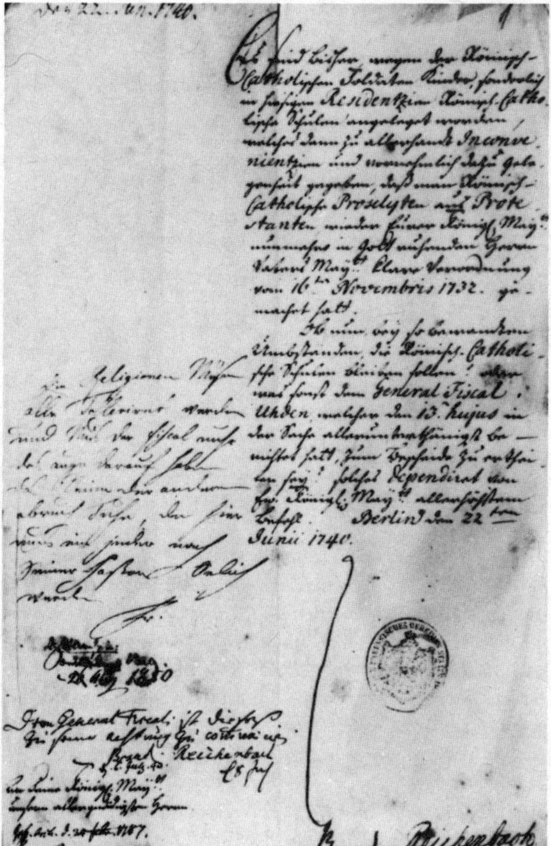

Randbemerkung Friedrichs des Großen auf der Urkunde vom 22.6.1740 »... da hiermuss ein jeder nach seiner Façon seelig werden ...«

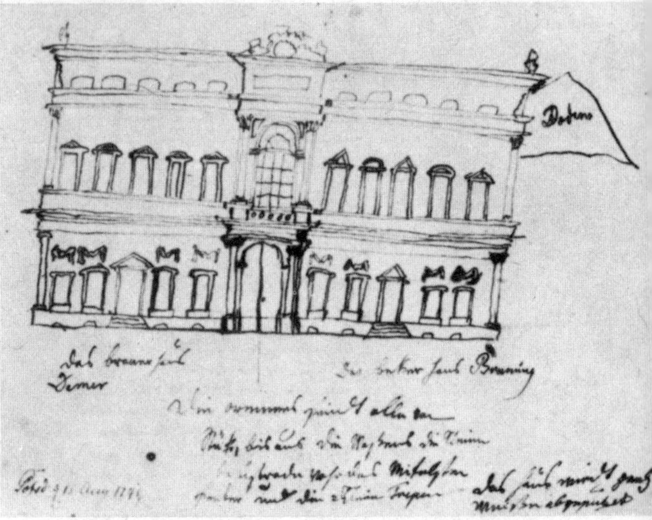

Friedrich der Große ist seit jeher als der bedeutendste Bauherr unter den Monarchen seiner Epoche gesehen worden, noch vor Peter dem Großen und August dem Starken. Erst jüngste Forschungen Hans-Joachim Giersbergs (»Friedrich als Bauherr«, Berlin 1986) haben ergeben, daß er in Wirklichkeit Bauherr und Baumeister zugleich war, ein auch in künstlerischer Hinsicht auf der Höhe der Epoche stehender Kopf, der seinen Architekten durch eigenhändige Zeichnungen verdeutlichte, wie er Sanssouci, Lindenoper, Hedwigskathedrale oder Neues Palais ausgeführt zu sehen wünschte. Selbst die Bürgerhäuser für seine Residenzstadt Potsdam entwarf er in ziemlich präzisen Zeichnungen und gab die Höhe der Gebäude, die Zahl der Geschosse und die Form der Kapitelle exakt vor.

ebenbürtig neben dem Habsburgischen Reich stand.

Einen zerstückelten, armen Staat, der keinerlei Voraussetzungen besitzt, zur Großmacht zu entwickeln – wie macht man das? Die innere Haltung, die dazu beigetragen hat, war neben dem Erbe der Aufklärung die Verpflichtung aller auf die Staatsräson, ferner die allgemeine Selbstbeschränkung und schließlich auch jener spezifische Ehrbegriff, der in den hierarchischen Gesellschaften des *Ancien Régime* die Komplementärgröße zu den Privilegien der Oberschicht darstellte. Denn es war ja nicht so, daß der Adel, aus dem sich die Offiziere und die hohe Beamtenschaft rekrutierten, bessere Positionen und damit mehr Macht und Einfluß genossen, ohne zur Gegenleistung verpflichtet zu sein. Vielmehr wußte jeder, der dieser Gilde angehörte und der damit zum Monopol der Führungskader zugelassen war, daß von ihm eine ganz bestimmte Haltung gefordert wurde. Wer sich daran nicht hielt, wer den *Code of Conduct* verletzte, der verlor seine Privilegien und wurde ausgestoßen aus der Gesellschaft, die in mancher Weise einem Orden glich.

Zwar wurden nicht, wie in den mittelalterlichen Orden, Gelübde verlangt, aber gewisse Formen puritanischer Abstinenz waren doch eine Voraussetzung. So war absolute Loyalität dem König gegenüber unter Hintanstellung aller eigenen Belange selbstverständlich. Ehescheidung galt für Offiziere und höhere Beamte als indiskutabel und zog den Verlust von Stellung und Renommee nach sich; und was die Armut des Ordensgelübdes anbetraf: Reichtümer konnten die Privilegierten auch nicht sammeln. Sie waren zwar mehr geachtet als normale Sterbliche, aber das Ansehen, das sie und ihre Gesellschaftsschicht genossen, mußte ihnen Entgelt genug sein – die finanzielle Vergütung war höchst dürftig. Daher denn auch das geflügelte Wort: *Travailler pour le Roi de Prusse* – was soviel hieß wie: geringer Lohn, aber hohe Ehre.

Dieser Verhaltenskodex hat einen Stil kreiert, der im höchsten Maße integrierend wirkte: Ein *esprit de corps* bildete sich in der Beamtenschaft und im Offizierskorps, der Vorbilder schuf, die lange Zeit gültig waren und die uns Heutige wie Lesebuchklischees anmuten. Dafür zwei Beispiele: Eines Tages stellte der König an den Justizminister von Münchhausen das Ansinnen, er solle ein bereits gefälltes Urteil umstoßen. Dessen Antwort: »Mein Kopf steht Euer Majestät zur Verfügung, aber nicht mein Gewissen.«

Oder die Geschichte des Obristen Johann Friedrich Adolph von der Marwitz, die meist falsch berichtet wird und die ich hier gern richtigstelle. Bei der zweiten Besetzung Berlins durch die Russen und Österreicher im Jahre 1760 hatten die Sachsen, die mit einem Kontingent dabei waren, das Schloß Charlottenburg geplündert und die Antikensammlung, die Friedrich für eine sehr hohe Summe vom Kardinal de Polignac gekauft hatte, zerschlagen. In seinem Zorn ließ der König das Schloß Pförten, das dem sächsischen Ministerpräsidenten Graf Brühl gehörte, zerstören. Dem Marwitz, der mit seinem Regiment in der Nähe stand, befahl er, das Kurfürstliche Jagdschloß Hubertusburg auszuräumen, und machte ihm den gesamten Inhalt – wertvolles Silber, Teppiche, Möbel – zum Geschenk, weil der Marwitzsche Besitz Friedersdorf in der Mark ein Jahr zuvor von den Russen total ausgeplündert worden war.

Einige Zeit später, man saß bei Tisch, richtete der König an Marwitz die Frage, warum er die Sachen noch nicht habe wegbringen lassen. Antwort: »Weil sich dies allenfalls für Offiziere eines Freibattalions schicken würde, nicht aber für den Kommandeur Euer Majestät Gens d'armes.« Der König war wütend über das, was er als Belehrung empfand. Er verließ das Zimmer und schenkte das Mobiliar einem anderen.

Marwitz, im Siebenjährigen Krieg mit dem *Pour le mérite* ausgezeichnet, ein urbaner, gebildeter, literarisch interessierter Mann, nahm den Abschied, den der König ihm zweimal verweigerte und erst beim dritten Gesuch gewährte. Auf seinen Grabstein ließ er schreiben: »Sah Friedrichs Heldenzeit und kämpfte mit ihm in allen seinen Kriegen; wählte Ungnade, wo Gehorsam nicht Ehre brachte.«

Wie prägend diese Haltung gewesen ist, zeigte sich noch ein halbes Jahrhundert später, als der General von Yorck nach reiflichem Abwägen auf eigene Kappe mit dem russischen General Diebitsch die Konvention von Tauroggen abschloß, die das zwangsweise mit Napoleon verbündete Preußische Heer zur Neutralität verpflichtete. Damals schrieb Yorck dem König, der, so hieß es, »wie vom Schlag gerührt war« – denn Berlin war ja von den Franzosen besetzt –, folgenden Brief:

»Ich erwarte den Ausspruch Eurer Majestät, ob ich gegen den wirklichen Feind (gemeint war natürlich Napoleon) vorrücken soll, oder ob die politischen Verhältnisse erfordern, daß Euer Majestät mich verurteilt. Beides werde ich mit Hingebung erwarten. Ich schwöre, daß ich auf dem Sandhaufen ebenso ruhig wie auf dem Schlachtfelde, auf dem ich grau geworden bin, die Kugel erwarten werde. Ich bitte daher um die Gnade, bei dem Urteil, das gefällt werden muß, auf meine Person keine Rücksicht nehmen zu lassen.«

Der Zusammenbruch Preußens nach der

Niederlage von Jena und Auerstedt 1806 hatte dazu geführt, daß die Hälfte des Landes von Frankreich annektiert, das ganze Land von den Franzosen besetzt worden war und der König in die äußerste Ecke seines Reiches nach Memel hatte flüchten müssen. Dieser Zustand totaler Unterdrükkung und großer Not zeitigte nationale Gefühle der Auflehnung bisher unbekannter Intensität und Dimension. Dichter, Schriftsteller, Professoren wetteiferten in ihrem Engagement für den nationalen Gedanken.

Schon Jahre zuvor war Kritik an den überalterten Strukturen des friderizianischen Staates laut geworden. Diese nahmen sich jetzt im Zeichen der Französischen Revolution und der modernen Ideen zur Verfassungsreform auch wirklich wie fossile Rudimente aus. So wurden jetzt alle Kräfte, die sich schon seit längerem gesammelt hatten, in einer umwälzenden sozialen und geistigen Erneuerung aktiv.

Ein absolutistisch regierter Staat wurde in einen modernen Staat umgewandelt; die Stein-Hardenbergschen Reformen führten

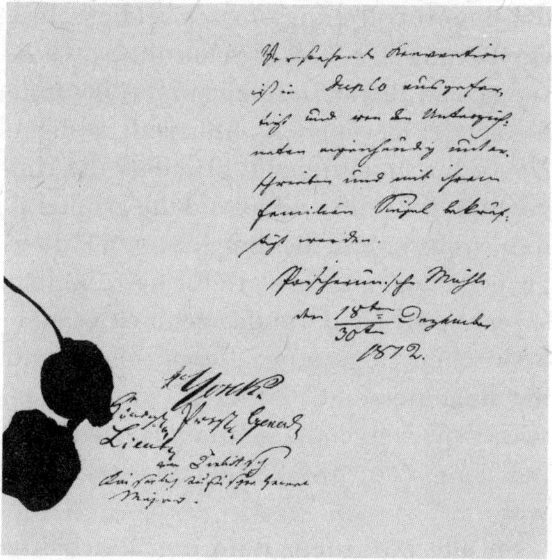

Nicht nur Befehlsverweigerung konnte eine preußische Tugend sein, wie sie Johann Friedrich Adolph von der Marwitz übte, als er es ablehnte, das sächsische Schloß Hubertusburg als Antwort auf die Zerstörung des Schlosses Charlottenburg zu plündern und sich das Mobiliar anzueignen. Auch eigenmächtiges Handeln, wenn es die Situation gebot, war in der Tradition Preußens: Nach der verheerenden Niederlage Napoleons in Rußland schloß Graf Yorck von Wartenburg, der Befehlshaber des preußischen Kontingents der Grande Armée, auf eigene Faust mit den Russen in Tauroggen eine Konvention, die das preußische Heer neutralisierte, während der König noch in dem von den Franzosen besetzten Land residierte und sich Zurückhaltung auferlegen mußte.

die Bauernbefreiung ein sowie die Selbstverwaltung der Städte. Scharnhorst, Gneisenau und Boyen unterzogen das gesamte Gebiet des Heerwesens einer vollständigen Neuordnung. Humboldt gründete die Universität in Berlin und leitete die große Bildungsreform ein, die den geistigen Hintergrund aller anderen Reformen bildete. »Demokratische Grundsätze in einer monarchischen Regierung, dieses scheint mir die angemessene Formel für den gegenwärtigen Zeitgeist«, schrieb Hardenberg, der seit 1810 preußischer Staatskanzler war.

Sie alle, die großen Reformer, beschäftigte das Verhältnis von Staat und Individuum. Es ging ihnen darum, den Staat, der bisher die erste Rolle gespielt hatte, mit dem Individuum zu versöhnen und mit der neu entdeckten »Nation« zu einer Einheit zu verbinden. Sich der Individualität bewußt zu werden, aber stets eingedenk zu sein, daß man auch Staatsbürger ist, war ihre Devise, und die Nationwerdung war das, was sie dazu inspirierte. Dabei beherrschten ethische Ideale das politische Denken – vor allem das Denken und Handeln des wichtigsten unter ihnen, des Freiherrn vom Stein.

Er war, wie man weiß – genau wie Scharnhorst und manch anderer der Reformer –, kein Preuße, aber er hätte seine Ideen zur Bauernbefreiung, zur Städte-Neuordnung, Selbstverwaltung und Gewerbefreiheit nirgends anders als in Preußen verwirklichen können.

Diesem Aufbruch zur Erneuerung und zu Reformen waren im Winter 1807/08 Fichtes »Reden an die Deutsche Nation« vorangegangen. »Besiegt sind wir«, so rief er aus, »der Kampf mit den Waffen ist geschlossen; nun erhebt sich, so wir es wollen, der neue Kampf der Grundsätze, der Sitten, des Charakters.« Also geistige Erneuerung nach der militärischen Niederlage, darum ging es.

Viel ist bei allen Reformern die Rede von freier Individualität und freier Nationalität, vor allem aber sprechen sie immer wieder von der Kraft des Volkes, die es zu erschließen gelte. So wie einst in Deutschland die religiöse Freiheit aufblühte, so, erhofften sie sich, werde nun aus Deutschland die politische Freiheit erstehen. Man haßte Napoleon, den Unterdrücker der Freiheit, aber man bewunderte ihn als die große Kraft, die aus dem Volk erwachsen war.

Was Friedrich Meinecke über Hermann Boyen, ein wichtiges Mitglied der Militär-Reorganisations-Kommission, schrieb, gilt für viele. Boyen stammte aus Ostpreußen, das damals zum Zentrum des liberalen Geistes geworden war; er hatte Kants Vorlesungen gehört, die ihn tief beeindruckten. Meinecke also sagt über Boyen: »Er hatte sich Preußen mit ganzer Seele verschrieben und glaubte, den preußischen Staat mit den neuen, sittlichen Freiheitsgedanken, die er aus Kants Mund und Schriften in sich aufgenommen hatte, vereinigen zu können. Freiheit war ihm zugleich immer innere Hingabe an das Ganze.«

Für Preußen – das alte Preußen – hatte der Staat stets etwas mit Metaphysik zu tun. So war es im 18. Jahrhundert mit der Staatsräson, und so war es nun wiederum bei den Reformern. Fast könnte man meinen, bei diesem Preußen, das durch Maßhalten und geistige Konzentration charakterisiert ist, sei es in erster Linie um die Verwirklichung einer Idee gegangen und nicht so sehr um das Gemeinwesen.

Die Reformer idealisierten den Staat, sie sahen in ihm eine Art geistiges Gefäß, in dem sich die Höherentwicklung der Menschen vollziehen sollte. Sie übersahen die Anfechtungen der Macht und legten damit den Grundstein zur Pervertierung dessen, was doch ihr eigentliches Ziel war: die Rechte des Individuums vor den unersättlichen Ansprüchen des Staates zu sichern.

Als Napoelon 1815 von Blücher und Wellington bei Waterloo endgültig geschlagen worden war, traten die europäischen Staatsmänner in Wien zu einem Kongreß zusammen, der sich die territoriale Neuordnung Europas zum Ziel gesetzt hatte. Dabei ging man davon aus, daß Deutschland ein Gegengewicht gegen Frankreichs Übermacht darstellen müsse.

Diese Neuordnung brachte außerordentlich wichtige Veränderungen: Das

Schwergewicht Österreichs wurde nun nach dem Südosten verlagert nach Böhmen, Ungarn, an die Adria und nach Oberitalien. Preußen erhielt Westfalen und die niederrheinischen Gebiete und bildete damit anstelle Habsburgs die Wacht am Rhein. Das, was Preußens und später Deutschlands Schicksal bestimmt hat, die Vereinigung des protestantischen Hohenzollernstaates mit dem katholischen Rheinland – wenn auch einstweilen noch ohne territoriale Verbindung –, das wurde damals beim Wiener Kongreß beschlossen. Erst dadurch wurde die entscheidende Ausgangsposition für den Weg zur deutschen Einheit geschaffen.

Von nun an blieb Preußen gar nichts anderes übrig, als die deutsche Frage zur eigenen Sache zu machen, denn die Sehnsucht nach Einheit war in der Tat ein reales Bedürfnis geworden. Daher war es unvermeidlich, daß die Rivalität zwischen Preußen und Österreich die nächsten Jahrzehnte beherrschte. Bismarck hat Preußen unwiderruflich mit dem Schicksal Deutschlands verbunden. Er hat das Entstehen eines deutschen Staates in Rivalität gegen Habsburg vollzogen – anders hätte dieser auch gar nicht zustandekommen können. Es ging doch nur, wenn es einem deutschen Partikularstaat gelang, sich als zweite Großmacht neben Österreich zu etablieren, und dies wiederum war nur bei äußerster Konzentration möglich, nur, wenn diesem Ziel alles andere untergeordnet wurde.

Die Bismarck-Zeit stellt die entscheidende Wende dar. Fritz Sterns berühmtes Buch »Gold und Eisen – Bismarck und sein Bankier Bleichröder« beginnt mit dem Satz: »Die Szenerie ist ein Deutschland, in dem zwei Welten aufeinander trafen, die neue Welt des Kapitalismus und die alte Welt mit ihrem überkommenen, feudalen Ethos.«

In Bismarcks Person ist beides angelegt, Maß und Maßlosigkeit. Im Gegensatz zu seiner aufreizend autoritären Innenpolitik verstand er es meisterhaft, in der Außenpolitik Maß zu halten. Als die Preußen 1866 bei Königgrätz, übrigens nach riesigen Verlusten auf beiden Seiten, gesiegt hatten und im Bruderkrieg gegen Österreich die Entscheidung gefallen war, sagte Bismarck noch am Abend der Schlacht: »Die Streitfrage ist entschieden; jetzt gilt es, die alte Freundschaft mit Österreich wiederzugewinnen.«

Aber der Sinn des sonst so moderaten Königs ist auf Einmarsch in Wien gerichtet und auf Gebietsforderungen; auch die Generäle sind von triumphierender Leidenschaft erfüllt. Als dann die Vorverhandlungen zum Frieden im mährischen Nikolsburg stattfinden, widerspricht Bismarck dem König und weist darauf hin, daß ein gedemütigtes Österreich für immer der Gegner Preußens sein würde und außerdem ein mit Frankreich auf Tod und Leben verbündeter Alliierter.

Doch Bismarck ist isoliert. Seine Argumente schlagen nicht durch. Der König erklärt: »Der Hauptschuldige darf nicht ungestraft ausgehen.« Bismarck: »Majestät, wir haben nicht eines Richteramtes zu walten, sondern deutsche Politik zu treiben. Unsere Aufgabe ist die Herstellung der nationaldeutschen Einheit unter preußischer Führung.«

König Wilhelm wird heftig, Bismarck

verläßt schweigend das Zimmer. Er schreibt: »In mein Zimmer zurückgekehrt, war ich in der Stimmung, daß mir der Gedanke nahetrat, ob es nicht besser sei, aus dem offenstehenden vier Stock hohen Fenster zu fallen, und ich sah mich nicht um, als ich die Tür öffnen hörte, obwohl ich vermutete, daß der Eintretende der Kronprinz sei. Ich fühlte seine Hand auf meiner Schulter, während er sagte: ›Sie wissen, daß ich gegen diesen Krieg gewesen bin. Sie haben ihn für nötig gehalten und tragen die Verantwortung dafür. Wenn Sie jetzt überzeugt sind, daß der Zweck erreicht ist und der Friede geschlossen werden muß, so bin ich bereit, Ihnen beizustehen und Ihre Meinung bei meinem Vater zu vertreten.‹«

Als der Kronprinz nach einiger Zeit zurückkam, sagte er zu Bismarck: »Es hat schwergehalten, aber mein Vater hat zugestimmt.« Dabei legte er schweigend eine königliche Marginalie auf den Tisch, die wörtlich lautete: »Nachdem mein Ministerpräsident mich vor dem Feinde im Stich läßt und ich hier außerstande bin, ihn zu ersetzen, habe ich die Frage mit meinem

Sohn erörtert, und da sich derselbe der Auffassung des Ministerpräsidenten angeschlossen hat, sehe ich mich zu meinem Schmerz gezwungen, nach so glänzenden Siegen meiner Armee, in den so sauren Apfel zu beißen und einen so schmachvollen Frieden anzunehmen.«

Nach dem Sieg über Frankreich 1871 bewies Bismarck mit der Annexion von Elsaß und Lothringen leider keineswegs die gleiche weise Zurückhaltung. Dasselbe gilt für viele Episoden der Innenpolitik, vor allem aber für das Sozialistengesetz und den Kulturkampf, den er mit brutaler Rücksichtslosigkeit gegen den politischen Katholizismus führte: Das Zentrum war 1870 als katholische Partei vorwiegend von Rheinländern und Westfalen gegründet worden und ein Jahr später 1871 mit 58 Abgeordneten als zweitstärkste Fraktion nach den Nationalliberalen in den Reichstag eingezogen.

In dieser Gruppierung sammelten sich, wie Bismarck meinte, die Besiegten von 1866, von denen er befürchtete, sie könnten sich mit den katholischen Mächten Frankreich und Österreich verbinden. Schließlich war er so weit gegangen, dem Staat bei der Einstellung von Geistlichen ein Einspruchsrecht vorzubehalten; zeitweise waren viele Pfarreien und Bistümer unbesetzt, weil die Priester ihrer Ämter enthoben oder verhaftet worden waren. Wie solche Maßnahmen immer, war auch diese kontraproduktiv: Bei den Reichstagswahlen vier Jahre später hatten sich die Stimmen für das Zentrum fast verdoppelt.

Erst 1878 gelang es Bismarck, den Kulturkampf einzustellen, aber sogleich begann er mit einem neuen Kraftakt: Er nutzte die beiden Attentatsversuche, die auf Wilhelm I. gemacht wurden, aus, um zu versuchen, die 1875 gegründete Sozialistische Arbeiterpartei Deutschlands in ihrer raschen Ausdehnung einzugrenzen. Im Oktober 1878 wurde das »Gesetz Wider die gemeingefährlichen Bestrebungen der Sozialdemokratie« erlassen, kurz »Sozialistengesetz« genannt. Alle sozialistischen Vereine, Versammlungen und Zeitungen wurden verboten – nicht die Partei selbst. Erfolg: Auch hier stärkte die Repression die Solida-

Berlin war eine Residenzstadt bescheidenen Zuschnitts, als es im eigentlichen Sinne in die Geschichte eintrat. Die preußischen Staatskanzler der napoleonischen Zeit, Freiherr vom Stein und Fürst Hardenberg, führten die Geschäfte des Staates von ihren Privatpalais oder dem Büro des Staatskanzlers in der Leipziger Straße 55 aus –

noch in der frühen Bismarckschen Zeit ist das Auswärtige Amt in der berühmten Wilhelmstraße ein bescheidener zweistöckiger, klassizistisch-nobler Bau. Erst danach prägen sich Geltungswille und Machtanspruch auch in der Architektur aus.

Wenige Häuser von dem schlichten Bau des Auswärtigen Amtes entfernt wurde im Gründerfieber der frühen siebziger Jahre des 19. Jahrhunderts das prächtige Palais des »Eisenbahnkönigs« Bethel Henry Strousberg aufgeführt. Sein kurzlebiges Wirtschaftsimperium, dessen Interessen bis nach Rumänien reichten, steht für die schnelle Wandlung der Manufakturstadt des Biedermeier zur Industrie-

metropole des Kaiserreichs. Neben den Villen der Familien Borsig, Siemens und Bleichröder nehmen sich die Stadtpalais des alten märkischen Adels wie bescheidene Landhäuser aus. Übrigens zog nach dem Konkurs von Strousberg später die englische Botschaft in das schloßartige Gebäude ein.

Stahlstich von G. Heisinger, um 1870

rität: Die Partei wuchs bis zur Aufhebung des Sozialistengesetzes im Jahre 1890, also in zwölf Jahren, von rund 400 000 auf 1,4 Millionen Wähler an.

Diese politische Unterdrückung der neuentstandenen Industriearbeiterschaft versuchte Bismarck durch Sozialgesetze und diverse Arbeiterversicherungen zu kompensieren und damit die Arbeiter zu gewinnen. Deutschland wurde das erste Land, das damals Kranken-, Unfall- und Altersversicherungen einführte und in dieser Hinsicht der Welt lange Zeit als Vorbild galt.

Die Stationen auf dem Weg zur deutschen Einheit waren also 1866 Preußens Sieg über Österreich, das nun aus dem Verband Deutschlands ausschied, und 1870 Preußens Sieg über Frankreich. Unter dem Eindruck dieses Ereignisses schlossen sich die deutschen Staaten mehr oder weniger freiwillig zum deutschen Kaiserreich unter der Krone der Hohenzollern zusammen. Damit ist der alte Traum vom Reich, der durch viele Jahrhunderte geisterte, Wirklichkeit geworden.

Dieser Traum aber war nicht auf politische Weise, sondern durch militärische Anstrengungen, durch Krieg, verwirklicht worden, und darum ergriff von nun an das Militär immer mehr die Macht. Das Autoritäre überwucherte das Zivile. Verflachung breitete sich aus. Die rationale Kühnheit, die strenge Konzentration und das kühle Maßhalten früherer Zeiten begannen allmählich in moderne Maßlosigkeit abzugleiten.

Zwar gab es zur gleichen Zeit manch revolutionären Durchbruch zur Moderne: in der Literatur Gerhart Hauptmann, Thomas und Heinrich Mann, in der Malerei die »Brücke« in Dresden und den »Blauen Reiter« in München; schließlich auch intellektuelle Opposition in Gestalt des »Simplicissimus« und emotionale dank der Jugendbewegung – aber das alles betraf nur gewisse Gruppen und war für keine Schicht repräsentativ; es spielte sich sozusagen auf Nebenschauplätzen ab. Das offizielle Deutschland war charakterisiert durch die Überbetonung des Militärischen, das Vertrauen auf Befehl und Gehorsam – denn man war ja gewöhnt daran, daß die Reformen von oben kamen –, nur Macht ohne Geist, das führte zwangsläufig zu Urteilslosigkeit und Untertanengeist.

Das Instrument einer autoritätsgläubigen und darum kritiklosen Beamtenschaft sowie das an integre Führung gewöhnte und darum gedankenlos gehorchende Offizierscorps wurde im Zeichen wilhelminischer Großmannssucht pervertiert, ohne daß die Betreffenden es auch nur bemerkten. Eine bändigende Staatsräson gab es nicht mehr – nur Macht um der Macht willen. Theodor Fontane hat damals den neuen Potsdamer Geist definiert: »Eine unheilvolle Verquickung von Absolutismus, Militarismus und Spießbürgertum«. Und weiter: »Ein Zug von Unfreiheit, von Gemachtem und Geschraubtem, geht durch das Ganze und bedrückt jede Seele, der mehr daran liegt, frei aufzuatmen, als Front zu machen.«

Die Überschätzung des Militärischen, dem der Staat ja in der Tat seine Existenz verdankte, war nur erträglich gewesen, so-

Das Selbstgefühl des deutschen Parlaments kam 1882 in dem großen Wettbewerb für ein Reichstagsgebäude zur Geltung, das gleichsam die parlamentarische Spitze des neuen Kaiserreichs symbolisierte, ähnlich wie das alte Schloß die monarchische Zentrale des Staates darstellte. Die Vielzahl der Entwürfe spiegelt die eklektizistische Unsicherheit des späten 19. Jahrhunderts wider; neben Entwürfen im Geiste des Neubarock und der Neurenaissance entstanden auch Pläne für neugotische Kathedralen wie der von Friedrich Gösling.

Die Entscheidung des Wettbewerbs für das Reichstagsgebäude fiel für den vergleichsweise zurückhaltenden Entwurf Paul Wallots, dessen Idee darin bestand, alle regionalen und konfessionellen Baustile zu einem artifiziellen »Reichsstil« zu verschmelzen, damit sich Katholiken wie Protestanten ebenso darin repräsentiert sähen wie norddeutsche Küstenbewohner und süddeutsche Alpenanrainer. Als man nach den Zerstörungen des Reichstagsbrandes von 1933 und dann der Eroberung von 1945 beim Wie-

deraufbau des Reichstages in den sechziger Jahren zu einer »reinigenden Modernisierung« kam, beraubte man den Bau nicht nur seines Wahrzeichen-Charakters, sondern auch seines symbolischen Sinnes, so daß das jetzige Gebäude nun weder für das Stilverlangen des einigenden Reiches steht noch für die um 1900 hochkommende Moderne, wie sie gerade in Berlin die Bauten von Peter Behrens und Alfred Messel musterhaft formulieren.

Wilhelm II., die unpreußischste Figur auf dem Thron der Hohenzollern, ließ nicht nur im ganzen Deutschen Reich von Bromberg bis nach Köln Standbilder seines Großvaters, Wilhelm I., aufstellen, den er vergeblich »den Großen« zu nennen anordnete. In Berlin schlug der Enkel quer durch den Tiergarten eine Schneise, die sogenannte Sie-

gesallee, die der Verherrlichung seiner Ahnen dienen sollte. Die insgesamt 32 Figurengruppen umfassende Promenade sollte alle Hohenzollern vom Kurfürsten Albrecht Achilles bis zu seinem Großvater verewigen, wobei der Herrscher selber den Bildhauern Armhaltung, Fußstellung und Gesichtsausdruck vorschrieb und sogar vorzeichnete.

Die »Siegesallee« im Tiergarten – Leidenschaft und Stolz Wilhelms II., der sich in der Rolle jener Renaissance-Päpste sah, die mit Leonardo und Michelangelo die Kunst zu einer neuen Blüte geführt hatten – war schon während ihrer Entstehung das Gespött der nüchternen Preußen und der ironischen Berliner: »Puppenallee« wurde sie genannt. In der

»Jugend« erschien 1903 eine Persiflage auf die Lieblingsallee des Kaisers, wobei die Markgrafen, Kurfürsten und Könige der Hohenzollern durch Odol-Flaschen ersetzt waren. Berlin war großstädtisch geworden, aber skeptisch geblieben, seiner Mentalität nach vielfach im Widerspruch zum Imperator-Gehabe des Monarchen lebend.

lange Bismarck da war, dessen Außenpolitik ganz auf den Gedanken des europäischen Gleichgewichts ausgerichtet war. Ihm ging es nicht um Hegemonie, sondern um Sicherheit – darum seine Gleichgewichtspolitik. Als aber dann sein Augenmaß und seine ordnende Hand fehlten, führte jenes Denken zu einer totalen Sinnentleerung. Niemand wußte mehr, was eigentlich die Ziele Wilhelms II. waren und welchen Trieben sein vor 1900 ausgebrochener Flottenimperialismus entsprang; ein Ehrgeiz, den Großadmiral Tirpitz mit Hilfe der Flottengesetze gegen die wachsenden Bedenken der Reichsregierung zunächst verstärkt und dann verwirklicht hat. Tirpitz hat das deutsche Reich in anderthalb Jahrzehnten zur zweitgrößten Seemacht der Welt gemacht und damit die Todfeindschaft Englands heraufbeschworen.

Man sah kein Konzept. Man sah nur wirtschaftlichen und militärischen Ehrgeiz: Macht um der Macht willen, das schien die Devise des pseudo-preußischen Wilhelminismus zu sein. Deutschland hatte keine geistige Zielsetzung mehr, es war ein Staat ohne überwölbende Idee geworden.

Die Geistesverfassung der Deutschen an der Wende zum 20. Jahrhundert beschreibt Rudolf von Thadden sehr eindrucksvoll in seinem Aufsatz »Das schwierige Vaterland«. Es heißt da: »Ein Industrieller oder Wissenschaftler galt viel im Kaiserreich, zu höchstem Ansehen aber war er erst gelangt, wenn seinen Namen ein Adelsprädikat schmückte oder ihn der Titel eines Geheimrats zierte. Von besonderer Anziehungskraft war die Position eines Reserveoffiziers. Es gab Todesanzeigen von hochverdienten Professoren aus der Kaiserzeit, die ihre Stellung als Leutnant der Reserve noch vor ihrer Mitgliedschaft in hohen Akademien der Wissenschaft angaben. Positionen in der parlamentarisch-demokratischen Welt galten daneben nicht viel ... Auf der einen Seite scheute Deutschland keine Anstrengung, um sich zu einer modernen, technischen und militärischen Großmacht zu entwickeln; auf der anderen Seite aber unternahm es nichts, um Verantwortungsstrukturen und Verhaltensweisen zu entwickeln, die zu der neugewonnenen Macht paßten.« Soweit Thadden.

In gewisser Weise gibt es Parallelen zwischen der wilhelminischen Mentalität und der Zeit Adolf Hitlers. Man vergegenwärtige sich einmal folgendes Zitat: »Pardon wird nicht gegeben. Gefangene werden nicht gemacht. Wie vor 1000 Jahren die Hunnen sich unter König Etzel einen Namen gemacht haben, der sie noch jetzt in Überlieferungen und Märchen gewaltig erscheinen läßt, so muß der Name ›Deutschland‹ ... in einer Weise bestätigt werden, daß niemals wieder einer wagt, einen Deutschen auch nur scheel anzublicken.«

Man möchte glauben, Hitlers Stimme am Vorabend des Zweiten Weltkrieges zu hören – aber es war eine Rede Wilhelms II. im Jahr 1900. Schon damals also Aufbruch ins Grenzenlose; brutale, platte Realpolitik, keine moralischen Maximen, keine politische Phantasie – nur machtpolitische Ambitionen.

Wo war der Geist der Marwitze und Yorcks geblieben, denen jede Form von Maßlosigkeit fremd war? Preußen war längst tot, als der Alliierte Kontrollrat am 25. Februar 1947 die Auflösung des preußischen Staates verfügte. Er war, wie gesagt, schon 1871 gestorben, als Preußen in Deutschland aufging und der Goldrausch der Gründerzeit über die Menschen kam. Damals trat das Geld an die Stelle von Pflicht und Ehre und wurde zum Maßstab aller Dinge.

Nur einmal, kurz vor jenem behördlich verordneten Ende durch den Kontrollrat, hat sich der preußische Geist noch einmal gemeldet, um endgültig Abschied zu nehmen – das war am 20. Juli 1944. Damals starben von Henkershand viele verantwortungsvolle Bürger: hohe Offiziere, ehemalige Minister, Staatssekretäre, Botschafter – die überwiegende Mehrzahl Preußen.

Alle großen Namen der preußischen Geschichte finden wir da verzeichnet: Yorck, Moltke, Schwerin, Schulenburg, Lehndorff. Die Ehre Deutschlands war verspielt, nicht mehr zu retten – die Schande der Hitler-Zeit zu groß. Aber das Kreuz, das sie auf Preußens Grab gesetzt haben, leuchtet hell aus der Dunkelheit jener Jahre.

Marion Gräfin Dönhoff

Geboren in Friedrichstein/Ostpreußen. Universität Frankfurt/M. und Basel (Promotion). Seit 1946 Wochenzeitung DIE ZEIT (Ressortleiterin Politik und stellvertretende Chefredakteurin, 1968 Chefredakteurin, 1973 Mitherausgeberin).
Buchveröffentlichungen: Namen, die keiner mehr nennt, 1962; Die Bundesrepublik in der Ära Adenauer, 1963; Welt in Bewegung, 1965; Die Außenpolitik von Adenauer bis Brandt, 1970; Menschen, die wissen, worum es geht, 1976; Von Gestern nach Übermorgen, 1981; Amerikanische Wechselbäder, 1983; Weit ist der Weg nach Osten, 1985; Der südafrikanische Teufelskreis, 1987. 1962 Ehrendoktor Smith-College (USA); 1964 Joseph-E.-Drexel-Preis, 1966 Theodor-Heuss-Preis, 1971 Friedenspreis des Deutschen Buchhandels; 1982 Ehrendoktorwürde Columbia University New York.

Bildnachweis

Aus dem Bildarchiv der Stiftung Preußischer Kulturbesitz Berlin kommen die Bildvorlagen zum vorderen Vorsatzblatt, zur Schlacht bei Fehrbellin und zur Urkunde vom 22.6. 1740; ferner zur Faksimile-Seite aus der Übereinkunft von Tauroggen, zum Auswärtigen Amt in der Wilhelmstraße und zur Siegesallee.
In der Landesbildstelle liegt der Stich Palais Strousberg. Die Vorlagen zu den Abbildungen »Die langen Kerls« und »Kontobuch zur Soldatenwerbung« entstammen: Potsdamer Schlösser in Geschichte und Kunst, Leipzig 1984. Die Skizze zu den Potsdamer Bürgerhäusern ist enthalten in: Hans-Joachim Giersberg, Friedrich als Bauherr, Berlin 1986. Die Entwürfe für ein Reichstagsgebäude überließ uns Mike Cullen, Berlin. Die beiden Abbildungen des Schlosses Friedrichsdorf verdanken wir der Autorin. Die Vorlage für das hintere Vorsatzblatt stellte das Archiv für Kunst und Geschichte in Berlin zur Verfügung. Schutzumschlagabbildung: Preußisches Türschild (Gipsformerei Preußischer Kulturbesitz; Aufnahme: Wilhelmi).

CIP-Kurztitelaufnahme der Deutschen Bibliothek

Dönhoff, Marion: Preußen – Maß und Maßlosigkeit/
Marion Dönhoff – Berlin:
Siedler, 1987. (Corso bei Siedler). ISBN 3-88680-174-8

© 1987 by Wolf Jobst Siedler Verlag GmbH, Berlin. Alle Rechte vorbehalten, auch das der fotomechanischen Wiedergabe. Satz: Bongé + Partner, Berlin. Ausstattung: H. P. Willberg, Eppstein/Ts. Reproduktionen: Faesser, Berlin. Druck und Buchbinder: Clausen & Bosse, Leck. Printed in Germany 1987
ISBN 3-88680-174-8